© 2020 Slaze, D.
Herstellung und Verlag: BoD – Books on Demand, Norderstedt
ISBN: **9783751922050**
Cover: **iStock.com/ Bulat Silvia**

Mein Pubertäts-Tagebuch

zum Selber ausfüllen

(mit Linienspiegel am Buchende)

Hier ist dein Platz für alles, das dich bewegt.

Die Pubertät ist eine Zeit der Veränderungen und du steckst mittendrin. Erlebst die erste Liebe, den erste Kuss, den ersten Liebeskummer und die Anzeichen, dass du erwachsen wirst. Es ist kompliziert.

Diesem Buch kannst du alles anvertrauen, das dir auf die Nerven geht, aber auch, was dich freut und glücklich macht.

An diesem Beispiel kannst du dich orientieren, passe es an dich an – mach die Liste persönlicher, ganz zu dir passend!

❖ Verliebt in ....
❖ Schule nervt – Schule macht Spaß
❖ Liebeskummer ...
❖ Meine Freunde ...
❖ Coole Erlebnisse ...
❖ Mag ich gar nicht ...
❖ Meine Gefühle nerven ...
❖ Mein Körper spinnt, verändert sich ...
❖ Waaaah – ich dreh noch durch ...
❖ Keiner versteht mich ...

Gleite durch sie hindurch und lebe.

Deine D. Slaze